SUSPENSE EN EUROPE

Mort à Paris

Ian Fraser
HEAD OF MODERN LANGUAGES
UPPER CANADA COLLEGE, TORONTO

Robert Williams
HEAD OF MODERN LANGUAGES
W.A. PORTER COLLEGIATE, SCARBOROUGH

New York, New York   Columbus, Ohio   Chicago, Illinois   Peoria, Illinois   Woodland Hills, California

The McGraw·Hill Companies

Send all inquiries to:
Glencoe/McGraw-Hill
8787 Orion Place
Columbus, OH 43240

ISBN : 0-8442-1220-2
Printed in the United States of America
8 9 10 11 12   045   10 09 08 07 06

Table des matières

nouvelles
  policières
  detective stories

  s'inspirer
  to be inspired

recettes
  recipes

quotidien
  daily
  newspaper

en haut et à
  l'avant
  upstairs and at
  the front

éclairent
  light up

C'est le printemps. M. et Mme Rousseau sont en vacances à Paris. M. Rousseau est un détective amateur qui écrit des nouvelles policières. Il espère s'inspirer en France pour ses prochaines histoires. Mme Rousseau, par contre, espère découvrir quelques nouvelles recettes car elle écrit des articles sur la cuisine pour un grand quotidien.

C'est le soir et ils ont dîné un peu plus tôt que d'habitude car ils ont décidé de faire une promenade en bateau sur la Seine. Ils montent dans le bateau et s'installent en haut et à l'avant du côté gauche de la terrasse ouverte. Les lumières du bateau éclairent les quais, les arbres, les bâtiments et, bien sûr, quelques-uns des célèbres monuments de Paris, par exemple, la tour Eiffel, le Louvre et la cathédrale de Notre-Dame.

1/*Sur la Seine*

rêvons
  have been
  dreaming

MME ROUSSEAU	Nous rêvons de faire ce voyage depuis longtemps et voilà que notre rêve devient réalité. Je suis tellement contente d'être ici.
M. ROUSSEAU	Moi aussi, chérie. J'ai déjà des idées intéressantes pour des nouvelles et toi, tu as découvert des recettes et des restaurants fantastiques.

MME ROUSSEAU	Et il fait beau et nous avons encore une semaine. C'est formidable! J'en suis ravie.
M. ROUSSEAU	J'adore regarder le jeu des lumières sur les arbres.
MME ROUSSEAU	Et sur les bâtiments aussi. Ça leur donne un air mystérieux.
M. ROUSSEAU	On peut s'imaginer toutes sortes de mystères cachés par les ombres.
MME ROUSSEAU	Voilà Notre-Dame!
M. ROUSSEAU	Quelle belle cathédrale. Elle est tellement majestueuse.
MME ROUSSEAU	Et quel passé! Imagine, elle a plus de huit cents ans. On a commencé la construction en 1163 et . . .

j'en suis ravie
  I'm thrilled
  about
  it

jeu des lumières
  the effect of the
  light

cachés par les
  ombres
  hidden in the
  shadows

À ce moment-là, le bateau passe sous le pont de l'Archevêché et on voit à gauche la petite île St-Louis. Elle est un peu dans l'obscurité car le bateau n'est pas encore assez près pour l'illuminer.

pont
  bridge

coup de revolver a shot	*M. Rousseau croit entendre un coup de revolver. Il regarde vers l'île St-Louis et il entend encore le même bruit. Cette fois-ci il a vu une étincelle d'un revolver.*
étincelle a spark	*Pendant ce temps, Mme Rousseau continue son exposé sur l'histoire de Notre-Dame. Soudain, les lumières du bateau éclairent l'île et M. Rousseau voit une Mercedes noire stationnée en haut de la rampe et deux hommes qui se battent en bas sur le quai. Au même instant, il entend un troisième coup de revolver*

monte la rampe en
  courant
  runs up the
  ramp
	et voit un des deux hommes tomber. L'autre monte la rampe en courant en direction de la voiture.

vient d'abattre has just killed	M. ROUSSEAU	(*agité*) Regarde, là-bas, sur le quai de l'île St-Louis! Un homme vient d'abattre un autre et il est parti en courant mais je ne peux plus rien voir.
	MME ROUSSEAU	(*qui, perdue dans ses pensées, regarde toujours vers Notre-Dame*) Qu'est-ce que tu racontes? Tu travailles déjà sur une nouvelle histoire policière?
	M. ROUSSEAU	Mais non! J'ai vu un homme abattre un autre avec un revolver. Il y a eu trois coups et puis . . .
	MME ROUSSEAU	Quelle imagination! Tu exagères un petit peu. Calme-toi. Regarde les quais.
	M. ROUSSEAU	Mais non, je t'assure que c'est vrai! Viens avec moi!

2/Meurtre dans l'île St-Louis

Le bateau s'approche du pont de la Tournelle.
M. Rousseau a convaincu le capitaine de les laisser
descendre à droite au quai de la Tournelle, sur la rive
gauche.

quai
  quay
rive gauche
  left bank

M. ROUSSEAU   Viens, on va prendre
l'escalier. On monte vers le
pont et puis on traverse vers
l'île.

MME ROUSSEAU   Oh, toi et ton esprit
aventureux! D'accord, on y
va.

Ils traversent le pont à toute vitesse et descendent les escaliers vers la Seine. Ils courent jusqu'au bout du quai.

M. ROUSSEAU	Mais il n'y a personne!
MME ROUSSEAU	Je te l'ai dit! C'était ton imagination.
M. ROUSSEAU	Non, je te le jure. J'ai tout vu! *(Il remarque quelque chose.)* Regarde! C'est du sang!
MME ROUSSEAU	Ça alors! Mais peut-être que . . .
M. ROUSSEAU	*(qui est allé un peu plus loin)* Voici encore des gouttes. Viens!
MME ROUSSEAU	*(Elle commence à avoir peur.)* Fais attention, donc. On ne sait jamais.

jure
  swear

sang
  blood

gouttes
  drops

12

M. ROUSSEAU	(*Il voit un corps étendu par terre.*) Le voilà. Il a dû se traîner pour essayer de remonter la rampe.	corps
		  corpse
		
		il a dû se traîner
		  he must have
		  dragged himself

MME ROUSSEAU	Il est mort?	

M. ROUSSEAU	Je crois que oui. (*Il lui tâte le pouls.*) Rien! Qu'est-ce qu'on fait?	tâte le pouls
		  feels for his
		  pulse

MME ROUSSEAU	Eh bien, il faut appeler la police. Allons-y.	

M. ROUSSEAU	Attends! Regarde à côté de sa main droite. Il a gribouillé quelque chose dans la poussière: GV. C'est peut-être un signe.	gribouillé
		  scribbled
		
		poussière
		  dust

MME ROUSSEAU	Laisse tomber. La police va s'en occuper. Viens.	

3/Une affaire classée

La police arrive quelques minutes plus tard et c'est l'inspecteur Viallet qui mène l'enquête.

mène l'enquête
leads the
investigation

VIALLET	Vous avez donc entendu trois coups de revolver et vous avez tout vu du bateau?
M. ROUSSEAU	C'est ça, et puis nous sommes descendus et venus ici en courant. Entretemps, l'autre homme est parti, peut-être dans la Mercedes noire.
VIALLET	Vous n'avez pas vu de revolver ni d'autre trace?
M. ROUSSEAU	Seulement les initiales GV que vous voyez là. Qu'est-ce que cela veut dire?
VIALLET	Aucune idée. De toute façon, ça n'a pas beaucoup d'importance à mon avis car il s'agit d'un simple malfaiteur bien connu de nous.
M. ROUSSEAU	N'importe. Il vous a laissé un signe. Il faut bien faire un effort.
VIALLET	Allez, on a du travail à faire et voici la presse qui arrive. Peut-être qu'il y a un reporter qui s'intéresse à cette histoire mais pour nous c'est une affaire classée. Ce n'était qu'un règlement de comptes entre truands.

à mon avis
  in my opinion
il s'agit d'un
  simple
  malfaiteur
  he was a petty
  thief

affaire classée
  closed case
règlement de
  comptes
  settling of scores
truands
  crooks

Un reporter du France-Soir *s'approche de M. et Mme Rousseau.*

REPORTER   C'est vous qui avez découvert le corps?

M. ROUSSEAU   Oui, j'ai tout vu du bateau et . . .

REPORTER   (*très rapidement*) Bien, bien. Vous êtes en vacances, n'est-ce pas? Comment vous appelez-vous? Tenez. On va prendre une petite photo. Vous permettez?

4/Incident sur la Place de la Concorde

Le lendemain matin les Rousseau trouvent dans le France-Soir un petit article sur l'incident, ainsi que leur photo. Ils décident néanmoins d'oublier l'incident et de continuer leur visite de Paris. De toute façon, M. Rousseau a maintenant une bonne idée pour une nouvelle histoire.

néanmoins
  nevertheless

MME ROUSSEAU	Allons visiter le Louvre et faire une promenade dans les jardins des Tuileries.
M. ROUSSEAU	Très bien. Ça va nous changer les idées.
MME ROUSSEAU	Et après on peut monter les Champs-Élysées. J'ai envie de visiter deux magasins près de l'Étoile.
M. ROUSSEAU	Allons. En route. J'ai hâte de voir la *Joconde**.

nous changer les
  idées
  take our minds
  off things

j'ai hâte
  I can't wait

*Portrait de Mona Lisa; chef-d'oeuvre de Léonard de Vinci.

16

Trois heures plus tard, ils traversent la Place de la Concorde. Ils s'arrêtent au centre pour contempler l'obélisque et puis ils continuent leur promenade à pied. Ils font très attention parce qu'il y a beaucoup de circulation.

MME ROUSSEAU	Qu'est-ce qu'il y a comme voitures! C'est incroyable!
M. ROUSSEAU	Vite! Non, arrête! Attention! Ça alors, cette Mercedes noire a failli nous écraser!
MME ROUSSEAU	Tu crois que le chauffeur l'a fait exprès?
M. ROUSSEAU	Je me le demande. J'ai remarqué que la plaque était immatriculée à Monte-Carlo. Je crois que c'est la même que j'ai vue hier soir dans l'île St-Louis.
MME ROUSSEAU	Mais il y en a beaucoup comme celle-là.

a failli nous écraser
almost ran us over

exprès
on purpose

plaque était immatriculée
the license plates were registered

17

se fait écraser
gets run over

m'inquiéter
to worry

Ils trouvent un agent de police de l'autre côté de la Place et ils lui expliquent ce qui s'est passé.

AGENT   (*riant*) Vous avez vu un peu la circulation qu'il y a? Presque tout le monde se fait écraser en traversant ici. C'est normal. Je suis désolé.

ROUSSEAU   (*à sa femme*) C'est peut-être une coïncidence mais à vrai dire je crois que c'est plus que ça. Je commence à m'inquiéter un peu.

HOTEL GEORGE V

Pendant deux jours les Rousseau se promènent sans incident dans des librairies et des magasins et visitent des restaurants. Ils commencent à oublier l'affaire car Paris les émerveille. Le lendemain ils retournent se promener aux Champs-Élysées et décident de se séparer tout en se donnant rendez-vous pour le déjeuner à 13 h à l'hôtel George V.

émerveille
thrills

   Plus tard, à table:

M. ROUSSEAU	Qu'est-ce que tu as fait de bon ce matin?
MME ROUSSEAU	J'ai trouvé encore des idées pour des articles très intéressants sur la cuisine française.
M. ROUSSEAU	En parlant de cuisine, qu'est-ce qu'on prend?
MME ROUSSEAU	Je vais commander pour toi. Une dame que j'ai rencontrée ce matin m'a recommandé le tournedos George V. C'est la spécialité de la maison. . . Qu'est-ce que tu as?
M. ROUSSEAU	(*troublé*) Regarde. Je viens de remarquer l'emblème de l'hôtel. C'est sur le menu, sur les assiettes, partout. C'est G.V.
MME ROUSSEAU	Tu veux dire comme les initiales GV qu'on a vues à côté du corps?
M. ROUSSEAU	Exactement! Le type voulait indiquer qu'il y avait un lien avec cet hôtel.

commander
  to order

tournedos
  beef

lien
  link

MME ROUSSEAU	Mais selon la police, ce n'était qu'un petit voleur sans importance.
M. ROUSSEAU	Justement. L'inspecteur Viallet ne s'intéressait pas du tout à suivre cette piste-là.
MME ROUSSEAU	Écoute, laisse tomber. On est là pour s'amuser. Pourquoi nous inquiéter tellement puisque la police même ne s'y intéresse pas?

M. Rousseau reste un peu perplexe mais décide, pour le moment du moins, de tout oublier et de manger son repas qui est d'ailleurs délicieux. Plus tard, en quittant l'hôtel, il décide sur un plan d'action.

M. ROUSSEAU	Il y a plusieurs Mercedes noires devant l'hôtel. Je vais voir s'il y en a une avec l'insigne de Monaco Monte-Carlo sur la plaque.
MME ROUSSEAU	Mais pourquoi? C'est fini. Viens, on s'en va. Mais où vas-tu?

insigne
  insignia

plaque
  license plate

M. Rousseau la quitte un instant et revient deux minutes plus tard.

M. ROUSSEAU	Elle est là!

6/Sur la bonne piste

Les Rousseau rentrent dans l'hôtel et se dirigent vers la réception.

se dirigent
  head toward

M. ROUSSEAU

Monsieur, s'il vous plaît. À qui appartient la Mercedes là-bas avec l'insigne de Monaco Monte-Carlo?

appartient
  belongs

BERNARD

Mais écoutez, monsieur. Je n'ai pas le droit de vous dire cela. Nos clients, vous savez . . .
(*Il détourne le regard.*)
Bonjour, Madame Taillefer. Le voyage, ça s'est bien passé?

je n'ai pas le droit
  I'm not allowed

détourne le regard
  looks away

MME TAILLEFER

Très bien, Bernard. Je suis très contente d'être enfin arrivée. Il fait tellement chaud à Monaco.

Paris

Arc de Triomphe

Place de la Concorde

Tour Eiffel

N

O ⊕ E

S

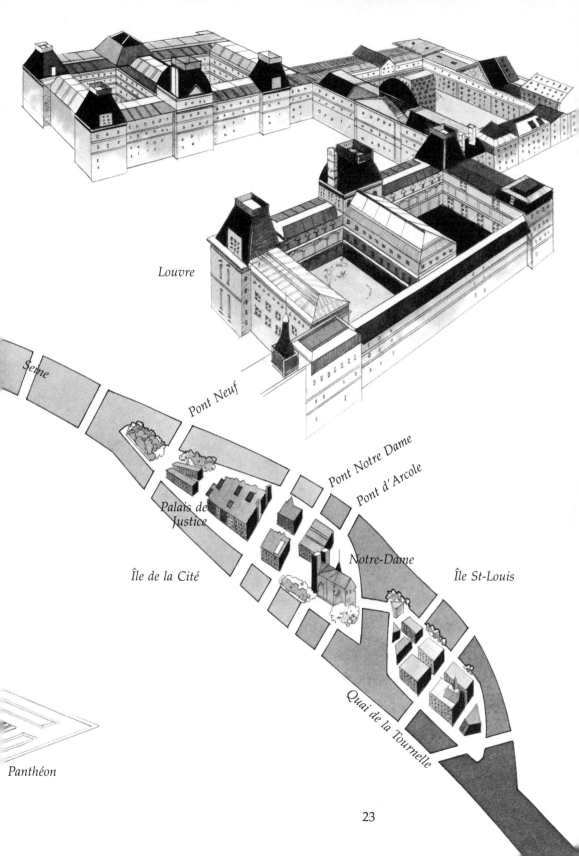

Louvre

Seine

Pont Neuf

Pont Notre Dame

Pont d'Arcole

Palais de
Justice

Notre-Dame

Île St-Louis

Île de la Cité

Quai de la Tournelle

Panthéon

23

	BERNARD	C'est un plaisir de vous recevoir de nouveau. Votre mari est à la 505, comme d'habitude. Je fais monter vos valises tout de suite.
	MME TAILLEFER	Merci, Bernard. Vous êtes très aimable.
se rendant compte realizing	BERNARD	(*se rendant compte que M. et Mme Rousseau sont toujours là*) Excusez-moi, mais comme je vous disais . . .
	M. ROUSSEAU	Merci, monsieur. Ça ne fait rien. (*à voix basse à Mme Rousseau*) Sortons! Vite!

Ils sortent de l'hôtel et s'arrêtent dans un petit café pas loin.

	M. ROUSSEAU	Tu as entendu ce qu'il a dit? Elle arrive de Monaco. Et la Mercedes noire est devant l'hôtel. Ce n'est pas une simple coïncidence. Je veux comprendre ce qui se passe. Je suis certain qu'il y a quelque chose.
	MME ROUSSEAU	Mais qu'est-ce qu'on peut faire? On n'est pas absolument sûr.
aller au fond de cette affaire to get to the bottom of this	M. ROUSSEAU	J'ai une idée. Je vais monter à la chambre 505. Toi, tu vas chercher la police. Cette fois on va aller au fond de cette affaire.

Entretemps, à l'hôtel George V, Mme Taillefer entre dans la chambre.

M. TAILLEFER	Ah, te voilà. (*Ils s'embrassent.*) Tu as fait bon voyage?
MME TAILLEFER	Oui, chéri. Très confortable, comme toujours. Et toi, comment vont les affaires?
M. TAILLEFER	Tout va assez bien pour le moment. On est arrivé sans incident mais depuis . . .
MME TAILLEFER	Il y a un problème? Qu'est-ce qui ne va pas?
M. TAILLEFER	Au fait, c'est le chauffeur. Il a l'air un peu bizarre depuis notre arrivée. Je ne sais pas exactement mais . . .
MME TAILLEFER	Bizarre? Mais comment?
M. TAILLEFER	Eh bien, l'autre soir, par exemple, il est venu me chercher avec pas mal de retard et il n'a pas pu m'expliquer pourquoi.
MME TAILLEFER	Mais avec la circulation qu'il y a à Paris, tu sais, c'est très difficile.
M. TAILLEFER	Ce n'est pas tout. Avant-hier, il a failli .... la Place de la Concorde.
MME TAILLEFER	Mais tu sais, chéri, Place de la Concorde, avec toute la circulation . . .
M. TAILLEFER	Je sais, mais . . . non, j'en suis sûr.

avec pas mal de
retard
rather late

26

MME TAILLEFER	À vrai dire, moi aussi, juste avant ton départ, j'ai remarqué que son comportement était un peu . . . étrange. Il recevait beaucoup de coups de téléphone et il semblait très agité.	comportement
		  behavior
		
		agité
		  troubled	

M. TAILLEFER	À propos du départ, qu'est-ce que tu as fait de tes bijoux cette fois-ci?	bijoux jewelery	
MME TAILLEFER	J'ai tout emporté avec moi. Je crois que c'est plus sûr. Comme ça, si on vole la maison encore une fois, je ne les perds pas.	sûr safe	

Tout d'un coup, on frappe à la porte.

27

8/Une drôle d'entrevue

M. Taillefer ouvre la porte et voit M. Rousseau devant lui. M. Rousseau a l'air très fâché.

M. ROUSSEAU	Puis-je entrer? (*Il entre sans attendre la réponse.*) J'ai à vous parler.
M. TAILLEFER	Mais qui êtes-vous? Que voulez-vous? (*à sa femme*) Brigitte, appelle la réception.
M. ROUSSEAU	Non, attendez. Vous êtes de Monaco, n'est-ce pas?
M. TAILLEFER	Oui, mais pourquoi?
M. ROUSSEAU	Et vous avez une Mercedes noire immatriculée à Monaco?
M. TAILLEFER	Oui, également. Mais dites, que voulez-vous enfin?
M. ROUSSEAU	Alors, pourquoi avez-vous essayé de m'écraser avant-hier, Place de la Concorde?
M. TAILLEFER	(*très surpris*) C'était vous? Mais comment m'avez-vous trouvé?
M. ROUSSEAU	Une coïncidence. Mais expliquez-moi plutôt ce qui s'est passé l'autre jour!
M. TAILLEFER	(*très gêné*) Je dois vous avouer que je n'y comprends rien. C'est mon chauffeur qui conduisait, mais quand je l'ai engueulé il m'a dit que c'était de votre faute et il s'en est excusé.

immatriculée
registered

gêné
embarrassed

avouer
admit

engueulé
chewed him out

MME TAILLEFER	Tiens, Jean-Michel, cela explique un peu ce que tu m'as raconté tout à l'heure à propos de son comportement bizarre.
M. TAILLEFER	Au fait, oui. Il y a peut-être un rapport.
M. ROUSSEAU	Un rapport? Avec quoi?
M. TAILLEFER	Attendez. Commençons par cette coïncidence qui vous a permis de me trouver.
M. ROUSSEAU	Eh bien, lundi soir, ma femme et moi . . .
M. TAILLEFER	Lundi soir! (à Brigitte) C'est ce soir-là qu'il est arrivé en retard. (à M. Rousseau) Excusez-moi. Continuez.
M. ROUSSEAU	Mais qui? Qu'est-ce qui se passe?

rapport
connection

Le téléphone sonne. M. Taillefer répond.

M. TAILLEFER	Allô? Ah, c'est vous. Montez tout de suite.
M. ROUSSEAU	Maintenant, c'est moi qui n'y comprends rien!

On frappe à la porte. M. Taillefer ouvre. Le chauffeur entre et dit bonjour à M. et Mme Taillefer. Il ne remarque pas la présence de M. Rousseau.

CHAUFFEUR	Je voulais savoir à quelle heure vous désiriez sortir ce soir, monsieur et madame.
M. TAILLEFER	On va en parler plus tard. Pour le moment, on a d'autres choses à discuter.
CHAUFFEUR	Comme vous voulez, monsieur. Qu'est-ce qu'il y a?
M. TAILLEFER	Eh bien, commençons par la Place de la Concorde.

pâlit
  pales

s'enfuit
  runs off

Tout d'un coup le chauffeur remarque M. Rousseau, le reconnaît et puis pâlit. Il détourne son regard de M. Taillefer vers M. Rousseau et puis sans dire un mot, il s'enfuit dans le couloir et se dirige vers les ascenseurs.

À ce moment-là, Mme Rousseau sort d'un ascenseur avec la police.

à haute voix
  loudly

M. ROUSSEAU   (*à haute voix*) Arrêtez-le!

Le chauffeur s'affole et court vers l'escalier. La police
le poursuit. M. Rousseau et M. Taillefer les suivent.
Mme Rousseau reste avec Mme Taillefer. Le chauffeur
descend l'escalier et traverse le foyer en courant, se
heurtant à plusieurs personnes et renversant quelques
chaises. Il sort dans la rue et juste au moment où il
commence à traverser la rue, une Mercedes noire le
renverse. La police le saisit. M. Rousseau et
M. Taillefer remontent à la chambre.

MME TAILLEFER	Vous l'avez attrapé?
M. TAILLEFER	La police s'en occupe. Il est légèrement blessé mais on va l'interroger tout de suite.
M. ROUSSEAU	Je crois que je commence à voir un peu plus clair là-dedans.
M. TAILLEFER	Moi, non. Pourquoi a-t-il essayé de vous écraser? Qu'est-ce qui s'est passé lundi soir? Quel est le rapport entre ces deux événements?
M. ROUSSEAU	Il me semble que votre chauffeur a tué quelqu'un lundi soir.
M. TAILLEFER	Tué? Où? Quand?

Le téléphone sonne. Mme Taillefer répond.

MME TAILLEFER	Oui? Mais bien sûr. Tout de suite. (*Elle raccroche.*) (*aux autres*) On va tout savoir.
M. ROUSSEAU	Enfin!

s'affole
panics

se heurtant
bumping into

blessé
injured

voir un peu plus
clair là-dedans
understand
what's going on

raccroche
hangs up

31

L'inspecteur Viallet entre dans la chambre.

VIALLET	Eh bien, M. Rousseau, je vois que vous avez eu raison.
M. ROUSSEAU	Et vous avez votre criminel.
M. TAILLEFER	(*impatient*) Mais voulez-vous m'expliquer tout cela enfin?
VIALLET	Votre chauffeur a tué un complice lundi soir, île St-Louis. Puisque la victime n'était qu'un simple malfaiteur bien connu de nous, on n'a pas fait très attention.
M. ROUSSEAU	Mais moi, j'ai trouvé les initiales GV à côté du corps sans savoir, bien sûr, de quoi il s'agissait.
MME ROUSSEAU	Et puis l'autre jour, Place de la Concorde . . .
M. TAILLEFER	Comment savait-il que c'était vous?
MME ROUSSEAU	Il a dû voir notre photo dans le *France-Soir*.
M. TAILLEFER	Je commence à comprendre. Mais quand avez-vous compris le GV?
MME ROUSSEAU	Pendant le déjeuner. Mon mari a failli tomber par terre.
M. TAILLEFER	Et nous alors, comment vous nous avez trouvés?
M. ROUSSEAU	(*souriant*) Comme j'ai dit tout à l'heure, une coïncidence. Je vous l'explique plus tard. (*à Viallet*) Et pourquoi l'a-t-il tué?

complice
  accomplice

de quoi il
  s'agissait
    what it meant

	VIALLET	Il paraît qu'ils allaient voler les bijoux de Mme Taillefer. Le chauffeur a découvert que l'autre allait tout prendre pour lui-même et le trahir. Alors . . .
trahir betray		
	M. TAILLEFER	Les bijoux! Maintenant je comprends pourquoi il était si curieux la semaine dernière à Monaco.
	VIALLET	Eh bien, voilà tout. Je vais vous contacter demain. Au revoir. (*Il s'en va.*)
	M. TAILLEFER	Au revoir. (*à M. et Mme Rousseau*) Est-ce qu'on peut vous inviter à dîner pour vous remercier?

il paraît
  it seems
pas mal animé
  quite lively
	M. ROUSSEAU	Eh bien, si on retournait à l'île St-Louis? Il paraît que c'est un endroit pas mal animé le soir . . .

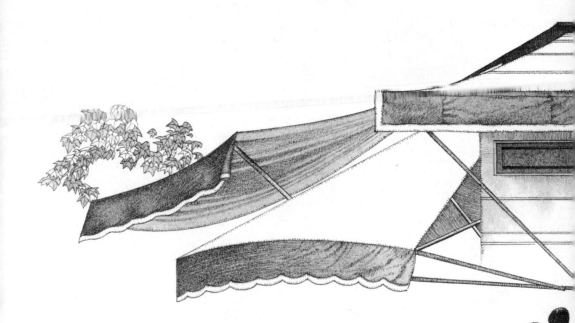

BRASSERIE DE L'ILE ST-LOUIS

35

Exercices/*Introduction*

A. *Répondez par une phrase complète:*
1. Quelles sont les professions de M. et de Mme Rousseau?
2. Pourquoi les Rousseau ont-ils dîné tôt ce soir?
3. Quels grands monuments parisiens voit-on du bateau?

B. *Vrai ou faux?*
1. M. et Mme Rousseau travaillent à Paris.
2. M. Rousseau est écrivain.
3. Mme Rousseau écrit des articles sur la cuisine.
4. Les Rousseau ont dîné tard.

C. *Trouvez les mots qui manquent:*
1. M. et Mme Rousseau sont _____ à Paris.
2. M. Rousseau écrit _____ policières.
3. Mme Rousseau écrit pour un grand _____.
4. Ils ont dîné un peu plus tard que _____.

D. *Trouvez le contraire des mots soulignés:*
1. C'est l'automne.
2. ses histoires précédentes
3. plus tard
4. Ils s'installent en bas.

E. *Soyons logiques: Quel est le bon ordre des mots?*
1. Paris / en / M. et Mme / vacances / à / sont / Rousseau
2. faire / en / de / ont décidé / bateau / ils / une promenade
3. les gens de / bureau / du / éclairent / les lumières

F. *Discutons, s.v.p.!*
1. Paris vaut bien une visite.
2. Les monuments et les églises ne m'intéressent pas.

G. *Pot-pourri:*
1. Vous avez gagné un voyage de huit jours à Paris.
   Qu'allez-vous faire là-bas?

A. *Répondez par une phrase complète:*
1. Pourquoi les Rousseau sont-ils tellement contents d'être à Paris?
2. Selon Mme Rousseau, quel est l'effet du jeu des lumières sur les arbres et les bâtiments?
3. Qu'est-ce que M. Rousseau croit entendre?
4. Que dit-il alors à sa femme?
5. Quelle est la réaction de Mme Rousseau?

B. *Vrai ou faux?*
1. Les Rousseau rêvent de visiter Paris depuis longtemps.
2. Les Rousseau restent à Paris encore dix jours.
3. Notre-Dame a plus de huit cents ans.
4. Le bateau s'approche de l'île St-André.
5. Un homme abat un autre et part en courant.

C. *Trouvez les mots qui manquent:*
1. _____ devient réalité.
2. J'adore regarder le jeu _____ sur les arbres.
3. Ça leur donne _____ mystérieux.
4. M. Rousseau croit entendre _____ de revolver.
5. Deux hommes se battent sur _____.

D. *Trouvez la bonne préposition:*
1. Nous rêvons _____ faire ce voyage depuis longtemps.
2. Le bateau passe _____ le pont de l'Archevêché.
3. Regarde, là-bas, _____ le quai!
4. Tu travailles _____ une nouvelle histoire?
5. Viens _____ moi!

E. *Soyons logiques: Quel est le bon ordre des phrases?*
1. Il entend encore le même bruit.
2. M. Rousseau croit entendre un coup de revolver.
3. Il voit un des deux hommes tomber.
4. Le bateau passe sous le pont de l'Archevêché.
5. Il entend un troisième coup.

F. *Discutons, s.v.p.!*
1. Un rêve peut devenir réalité.
2. Faire la cuisine n'est pas intéressant.
3. Je déteste la violence.

G. *Pot-pourri:*
1. Racontez brièvement l'histoire de la cathédrale de Notre-Dame.

A. *Répondez par une phrase complète:*
1. Pourquoi les Rousseau descendent-ils au quai de la Tournelle?
2. Pourquoi Mme Rousseau commence-t-elle à avoir peur?
3. Qu'est-ce que M. Rousseau fait pour vérifier si l'homme est mort?
4. Qu'est-ce que la victime a gribouillé dans la poussière?

B. *Vrai ou faux?*
1. Les Rousseau descendent du bateau au quai de la Tournelle.
2. Les Rousseau montent vers le pont et traversent vers l'île.
3. M. Rousseau adore les aventures.
4. Les Rousseau découvrent le corps tout de suite.
5. Mme Rousseau reste calme.

C. *Trouvez les mots qui manquent:*
1. On monte _____ le pont et on traverse _____ l'île.
2. Toi et _____ aventureux.
3. Elle commence à _____.
4. Il voit un corps étendu _____.
5. Il faut _____ la police.

D. *Trouvez le contraire des mots soulignés:*
1. Le bateau s'éloigne du pont.
2. la rive droite
3. Ils montent les escaliers.
4. un peu plus près
5. Il est vivant.

E. *Soyons logiques. Quel est le bon ordre des phrases?*
1. Ils descendent les escaliers vers la Seine.
2. Ils descendent du bateau au quai de la Tournelle.
3. Ils traversent le pont vers l'île.
4. Mme Rousseau commence à avoir peur.
5. M. Rousseau voit un corps étendu par terre.

F. *Discutons, s.v.p.!*
1. Se promener en bateau n'est pas toujours agréable.
2. J'ai trop d'imagination.

G. *Pot-pourri:*
1. Qu'est-ce que vous aimez lire? Pourquoi?

3/Une affaire classée

A. *Répondez par une phrase complète:*
1. Qui est l'inspecteur Viallet?
2. Pourquoi Viallet ne s'intéresse-t-il pas aux initiales GV?
3. Qu'est-ce que le reporter veut savoir?
4. Pourquoi le reporter prend-il une photo?

B. *Vrai ou faux?*
1. L'inspecteur Clouseau mène l'enquête.
2. M. Rousseau a entendu trois coups de revolver.
3. L'inspecteur pense que les initiales GV ont beaucoup d'importance.
4. Un reporter du *Figaro* arrive.
5. On prend une photo des Rousseau.

C. *Trouvez les mots qui manquent:*
1. Nous sommes venus ici _____.
2. Vous n'avez pas vu de revolver ni d'autre _____?
3. Ça n'a pas beaucoup d'importance _____.
4. Il faut bien faire _____.
5. C'est un règlement de comptes entre _____.

D. *Trouvez le nom qui correspond à la définition:*
1. le chef d'une enquête policière
2. le bruit fait par un revolver
3. une voiture de luxe
4. celui qui écrit des articles pour un journal
5. ce qu'on prend avec un appareil Polaroid

E. *Soyons logiques: Quel est le bon ordre des mots?*
1. cela / dire / veut / qu'est-ce que
2. il / bien / faire / effort / faut / un
3. avez / corps / c'est / découvert / vous / qui / le

F. *Discutons, s.v.p.!*
1. Mon journal préféré, c'est . . .
2. Il faut se méfier de la presse.

G. *Pot-pourri:*
1. Décrivez l'illustration à la page 15.

A. *Répondez par une phrase complète:*
1. Qu'est-ce que les Rousseau vont faire ce matin?
2. Où est-ce que la plaque de la Mercedes noire était immatriculée?
3. Pourquoi l'agent de police ne s'intéresse-t-il pas à cet incident?

B. *Vrai ou faux?*
1. Les Rousseau veulent oublier l'incident.
2. La *Joconde* se trouve au Louvre.
3. Les Rousseau traversent la Place St-Michel.
4. Il y a beaucoup de voitures sur la Place de la Concorde.
5. L'agent rit quand les Rousseau racontent leur histoire.

C. *Trouvez les mots qui manquent:*
1. Ils trouvent un petit article dans _____.
2. Allons visiter _____.
3. Faisons une promenade dans les jardins _____.
4. Après on peut monter _____.
5. Mme Rousseau veut visiter deux magasins près de _____.

D. *Trouvez l'infinitif qui correspond à chaque nom:*
1. une décision
2. un arrêt
3. une continuation
4. une explication
5. une inquiétude

E. *Soyons logiques: Quel est le bon ordre des phrases?*
1. Ils se sont arrêtés au centre.
2. Ils ont continué leur promenade à pied.
3. Une Mercedes noire a failli les écraser.
4. Ils faisaient très attention.
5. Ils ont traversé la Place de la Concorde.

F. *Discutons, s.v.p.!*
1. Les piétons doivent faire très attention.
2. Visiter un musée est plus intéressant que de regarder un match de football.

G. *Pot-pourri:*
1. Quels sont vos magasins de mode préférés? Expliquez pourquoi.

5/À l'hôtel George V

A. *Répondez par une phrase complète:*
   1. Que font les Rousseau pour oublier l'affaire?
   2. Pourquoi est-ce que M. Rousseau a l'air troublé?
   3. Selon M. Rousseau, qu'est-ce que GV signifie?
   4. Quel est le plan d'action de M. Rousseau?

B. *Vrai ou faux?*
   1. Paris émerveille les Rousseau.
   2. Ils déjeunent dans un café aux Champs-Élysées.
   3. Le tournedos George V est une spécialité.
   4. Mme Rousseau remarque l'emblème de l'hôtel.
   5. Le repas est médiocre.

C. *Trouvez les mots qui manquent:*
   1. Ils se promènent dans _____ et des magasins.
   2. _____ ils retournent se promener aux Champs-Élysées.
   3. _____ pour le déjeuner est à 13 h à l'hôtel.
   4. Je viens de remarquer _____ de l'hôtel.
   5. Écoute, _____ . On est là pour s'amuser.

D. *Écrivez la bonne préposition:*
   1. Ils se promènent _____ incident.
   2. J'ai trouvé des idées pour des articles _____ la cuisine française.
   3. Je vais commander _____ toi.
   4. Il décide _____ un plan d'action.
   5. Il y a plusieurs Mercedes noires _____ l'hôtel.

E. *Soyons logiques: Quel est le bon ordre des mots?*
   1. lendemain / se promener / ils / le / Champs-Élysées / retournent / aux
   2. l'emblème / viens de / l'hôtel / je / de / remarquer
   3. tard / M. Rousseau / plus / minutes / revient / deux

F. *Discutons, s.v.p.!*
   1. Il faut oublier un mauvais incident.
   2. D'après moi, un repas magnifique est . . .

G. *Pot-pourri:*
   1. Nommez quelques spécialités de la cuisine française.

A. *Répondez par une phrase complète:*
 1. Pourquoi est-ce que Bernard ne répond pas à la question posée par M. Rousseau?
 2. Pourquoi Mme Taillefer est-elle heureuse d'être enfin arrivée à Paris?
 3. Quel est le nouveau plan d'action de M. Rousseau?

B. *Vrai ou faux?*
 1. Mme Taillefer arrive de Monaco.
 2. Le mari de Mme Taillefer arrive le lendemain.
 3. Bernard monte les valises à la chambre 505.
 4. Les Rousseau prennent l'ascenseur avec Mme Taillefer.
 5. Mme Rousseau va chercher la police.

C. *Trouvez les mots qui manquent:*
 1. Je n'ai pas _____ de vous dire cela.
 2. Il fait _____ chaud à Monaco.
 3. Je fais monter _____ tout de suite.
 4. On n'est pas _____ sûr.
 5. Cette fois on va _____ de cette affaire.

D. *Trouvez le synonyme des mots soulignés:*
 1. À qui <u>est</u> la Mercedes là-bas?
 2. Je suis très <u>heureuse</u> d'être enfin arrivée.
 3. Ils <u>quittent</u> l'hôtel.
 4. Votre <u>époux</u> est à la 505.
 5. Je fais monter vos <u>bagages</u> tout de suite.

E. *Soyons logiques: Quel est le bon ordre des mots?*
 1. un plaisir / recevoir / vous / c'est / de nouveau / de
 2. veux / qui / se passe / je / comprendre / ce
 3. la / 505 / monter / je / à / vais / chambre

F. *Discutons, s.v.p.!*
 1. J'ai toujours voulu visiter Monaco.
 2. Une simple coïncidence qui m'est arrivée, c'est . . .

G. *Pot-pourri:*
 1. Qu'est-ce qu'il y a à voir à Monaco?

A. *Répondez par une phrase complète:*
   1. Selon M. Taillefer, comment est le chauffeur depuis son arrivée à Paris?
   2. Qu'est-ce qui est arrivé sur la Place de la Concorde avant-hier?
   3. Pourquoi est-ce que Mme Taillefer a emporté tous ses bijoux avec elle cette fois-ci?

B. *Vrai ou faux?*
   1. Mme Rousseau a trouvé son voyage très long.
   2. Le chauffeur a l'air bizarre récemment.
   3. Le chauffeur a failli écraser un couple avant-hier.
   4. Mme Rousseau a laissé ses bijoux à Monaco.

C. *Trouvez les mots qui manquent:*
   1. Le chauffeur _____ un peu bizarre.
   2. Il est venu me chercher avec _____ de retard.
   3. Il a failli _____ un couple sur la Place de la Concorde.
   4. Il recevait beaucoup de _____ de téléphone.
   5. Si _____ la maison encore une fois, je ne les perds pas.

D. *Trouvez le contraire des mots soulignés:*
   1. Mme Taillefer sort de la chambre.
   2. C'est très facile.
   3. Il semblait très calme.
   4. ton arrivée
   5. Je ne les trouve pas.

E. *Soyons logiques: Quel est le bon ordre des phrases?*
   1. Ils s'embrassent.
   2. On frappe à la porte.
   3. Ils parlent du chauffeur.
   4. Ils mentionnent les bijoux de Mme Taillefer.
   5. Mme Taillefer entre dans la chambre.

F. *Discutons, s.v.p.!*
   1. Un mariage idéal n'existe pas.
   2. Mon frère/Ma soeur parle trop longtemps au téléphone.

G. *Pot-pourri:*
   1. Racontez brièvement l'histoire de la Place de la Concorde.

A. *Répondez par une phrase complète:*
   1. Pourquoi est-ce que M. Taillefer demande à sa femme
   d'appeler la réception?
   2. Pourquoi M. Taillefer est-il très surpris?
   3. Entre quels incidents y a-t-il peut-être un rapport?

B. *Vrai ou faux?*
   1. Mme Taillefert ouvre la porte.
   2. M. Rousseau a l'air perplexe.
   3. M. Rousseau entre brusquement.
   4. Le prénom de M. Taillefer est Jean-Michel.
   5. Lundi soir, le chauffeur est arrivé en retard.

C. *Trouvez les mots qui manquent:*
   1. M. Rousseau a l'air très _____.
   2. Il entre sans attendre _____.
   3. Vous avez une Mercedes noire _____ à Monaco?
   4. Commençons par _____ qui vous a permis de me trouver.

D. *Trouvez le synonyme des mots soulignés:*
   1. <u>Téléphone</u> à la réception.
   2. très <u>embarrassé</u>
   3. mon <u>épouse</u> et moi
   4. <u>Pardonnez-moi.</u>

E. *Soyons logiques: Quel est le bon ordre des mots?*
   1. réponse / il / sans / attendre / entre / la
   2. c'est / conduisait / chauffeur / qui / mon
   3. moi / rien / n'y / c'est / qui / comprends

F. *Discutons, s.v.p.!*
   1. Je me fâche rarement.
   2. Il est difficile de comprendre le comportement des autres.

G. *Pot-pourri:*
   1. D'où viennent ces voitures?

   (GB) (F) (CH) (CDN) (E) (D) (I) (E-U)

A. *Répondez par une phrase complète:*
  1. Qu'est-ce que le chauffeur vient demander aux Taillefer?
  2. Qu'est-ce qui arrive au chauffeur quand il essaie de s'échapper?

B. *Vrai ou faux?*
  1. Le chauffeur pâlit en voyant M. Rousseau.
  2. Le chauffeur prend l'ascenseur.
  3. La police attend à la réception.
  4. Le chauffeur est légèrement blessé par une Mercedes noire.

C. *Trouvez les mots qui manquent:*
  1. À quelle heure vous désirez _____ ce soir?
  2. Pour le moment, on a _____ choses à discuter.
  3. Commençons _____ la Place de la Concorde.
  4. _____ dans le couloir et _____ vers les ascenseurs.

D. *Trouvez le contraire des mots soulignés:*
  1. Mme Taillefer <u>ferme</u> la porte.
  2. Ils <u>redescendent</u> à la chambre.
  3. Il est <u>gravement</u> blessé.
  4. Elle <u>décroche</u>.

E. *Soyons logiques: Quel est le bon ordre des phrases?*
  1. Mme Rousseau sort d'un ascenseur avec la police.
  2. Le chauffeur descend l'escalier et traverse le foyer en courant.
  3. Le chauffeur remarque la présence de M. Rousseau.
  4. Il s'enfuit dans le couloir.
  5. Le chauffeur court vers l'escalier.

F. *Discutons, s.v.p.!*
  1. Le vendredi soir, il faut sortir!

G. *Pot-pourri:*
  1. Qui est l'inspecteur Clouseau?

10/Quelle coïncidence!

A. *Répondez par une phrase complète:*
1. Quel était le rapport entre le chauffeur et la victime?
2. Pourquoi est-ce que le chauffeur a tué l'autre homme?
3. Où est-ce que les Rousseau et les Taillefer vont probablement dîner ce soir?

B. *Vrai ou faux?*
1. Le chauffeur a tué son complice.
2. Il a sans doute vu la photo des Rousseau dans le *France-Soir*.
3. L'autre jour pendant le déjeuner, les Rousseau ont compris le sens du GV.
4. Le chauffeur allait tout prendre pour lui-même et trahir son complice.
5. Les Rousseau et les Taillefer vont dîner ensemble ce soir.

C. *Trouvez les mots qui manquent:*
1. Je vois que vous avez eu _____ .
2. Votre chauffeur a tué _____ lundi soir.
3. La victime n'était qu'un simple _____ .
4. Mon mari a failli _____ par terre.
5. L'île St-Louis est _____ pas mal animé le soir.

D. *Trouvez l'infinitif qui correspond à chaque nom:*
1. le commencement
2. le vol
3. la compréhension
4. le retour

E. *Soyons logiques: Quel est le bon ordre des mots?*
1. trouvé / à côté du / j'ai / corps / les initiales GV
2. Mme Taillefer / les bijoux / voler / allaient / de / ils
3. contacter / vais / demain / je / vous

F. *Discutons, s.v.p.!*
1. Il est très important de lire le journal.

G. *Pot-pourri:*
1. Décrivez l'illustration aux pages 34 et 35.

46